DINOSAURI INCREDIBILI
LIBRO DA COLORARE

QUESTO LIBRO APPARTIENE A

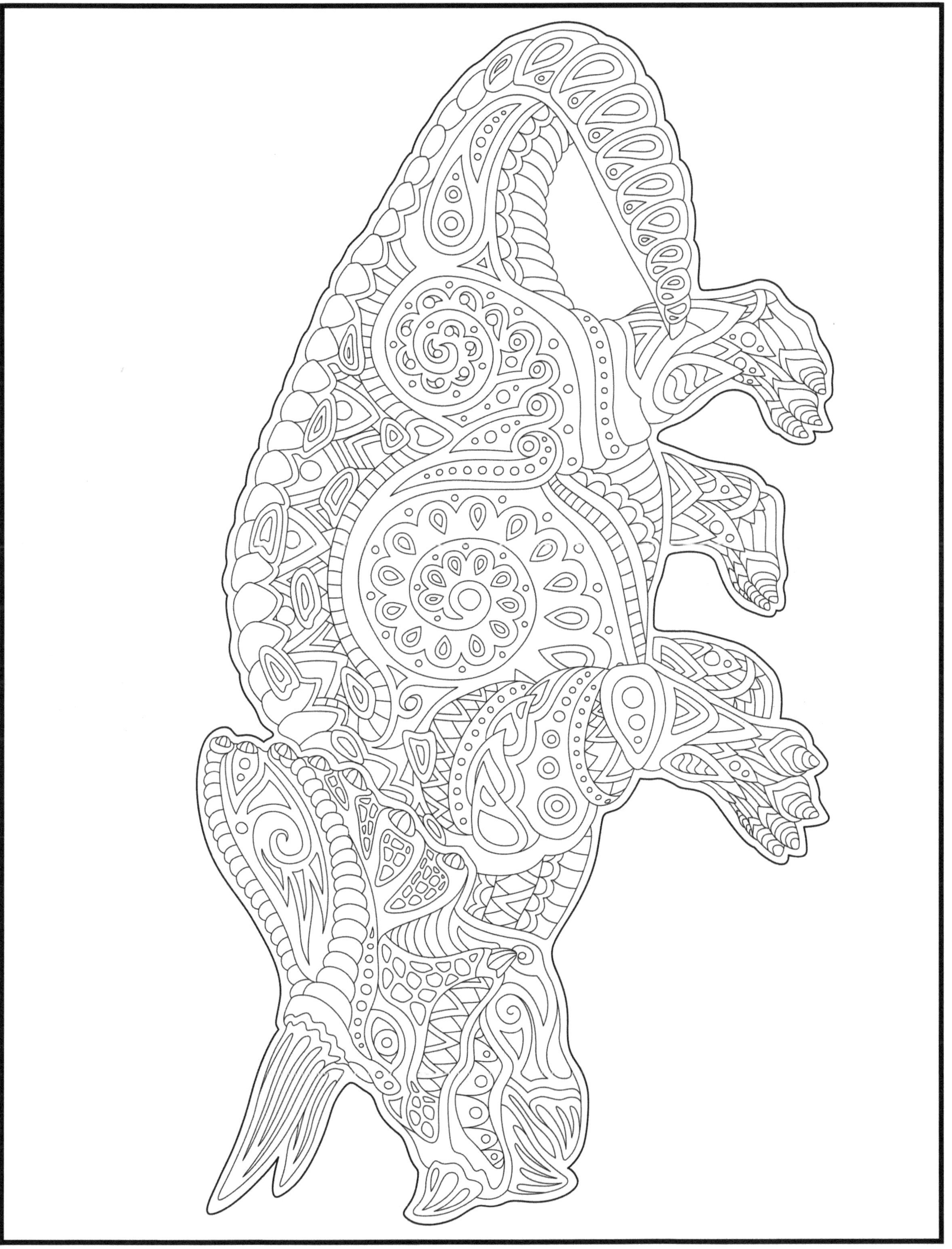

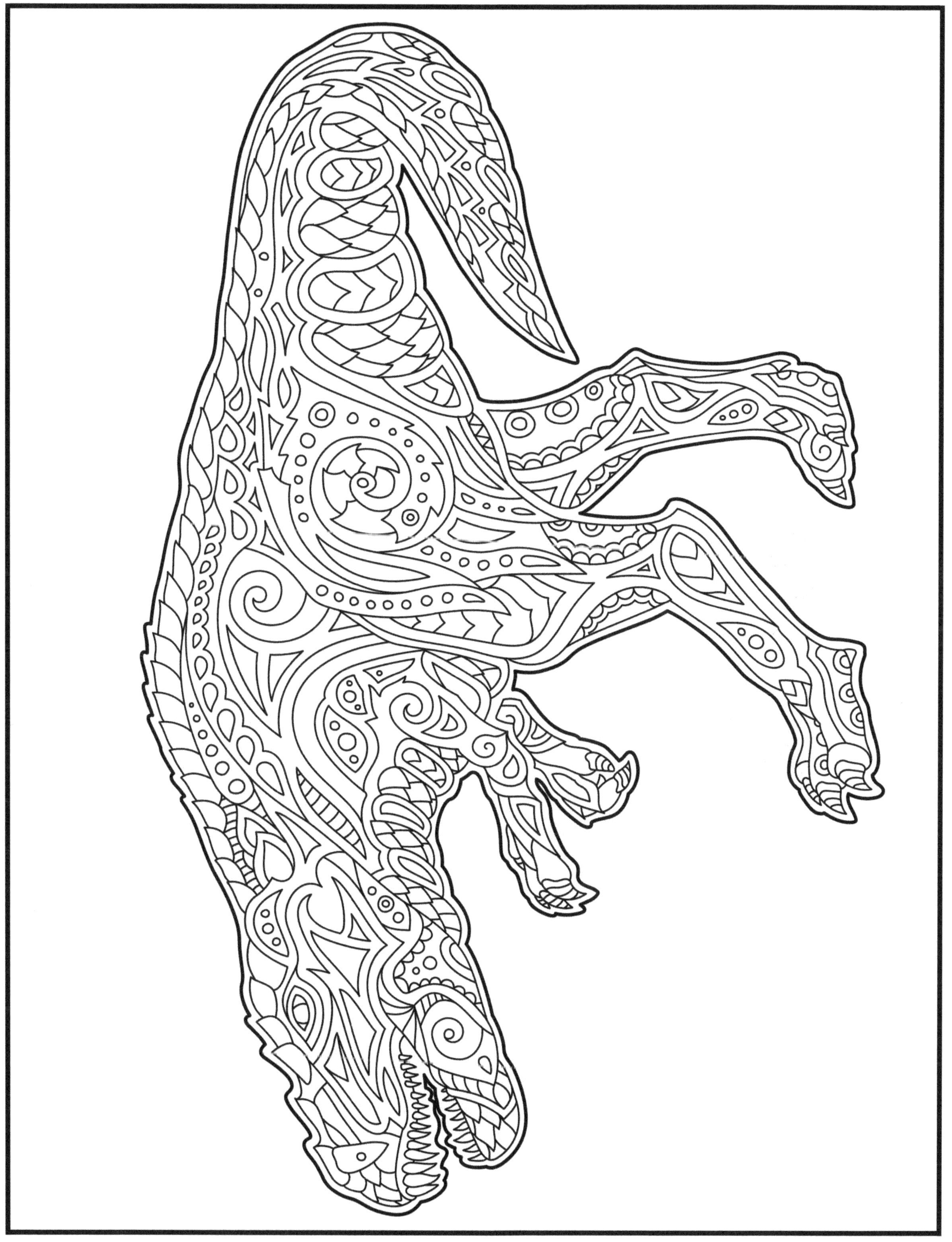

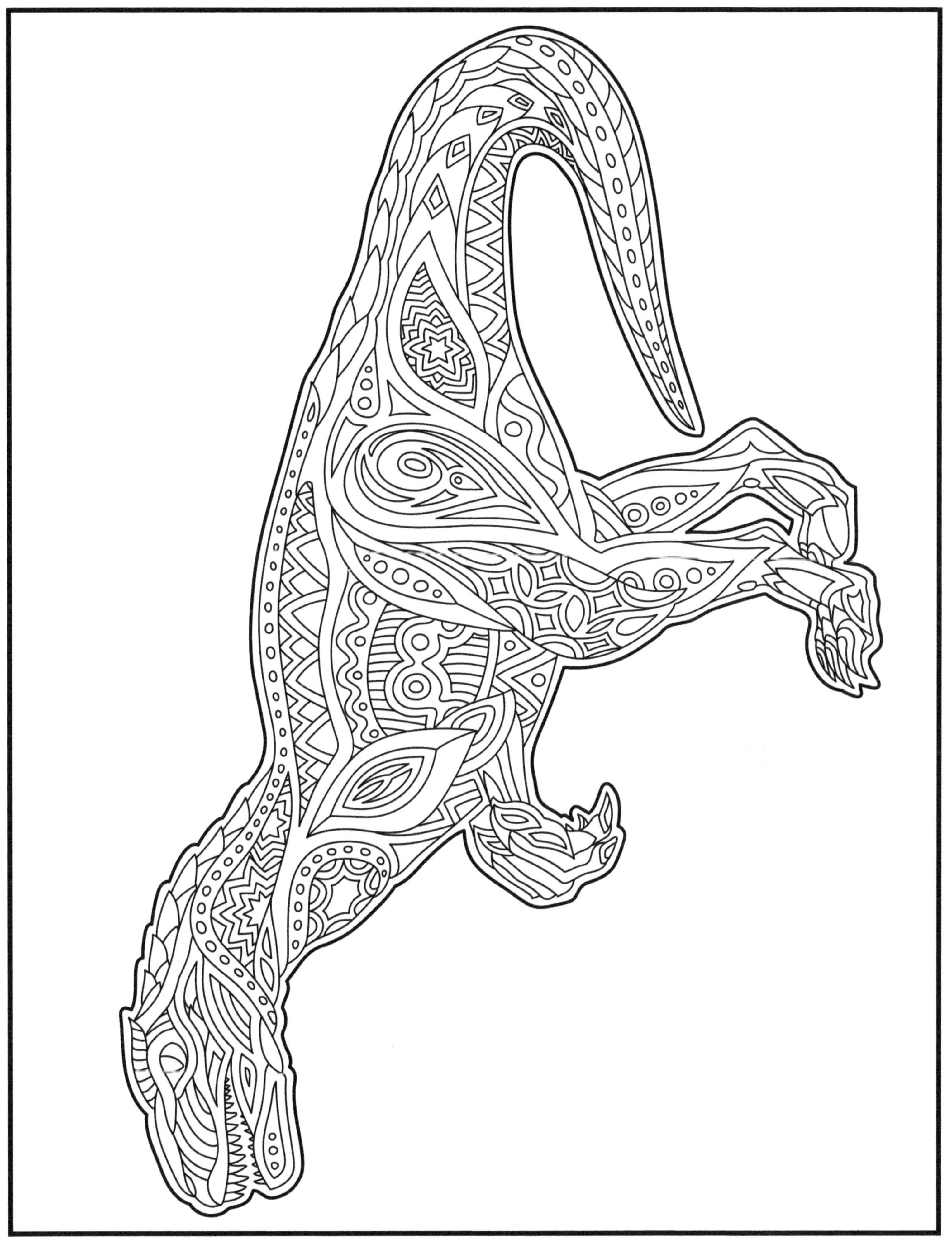

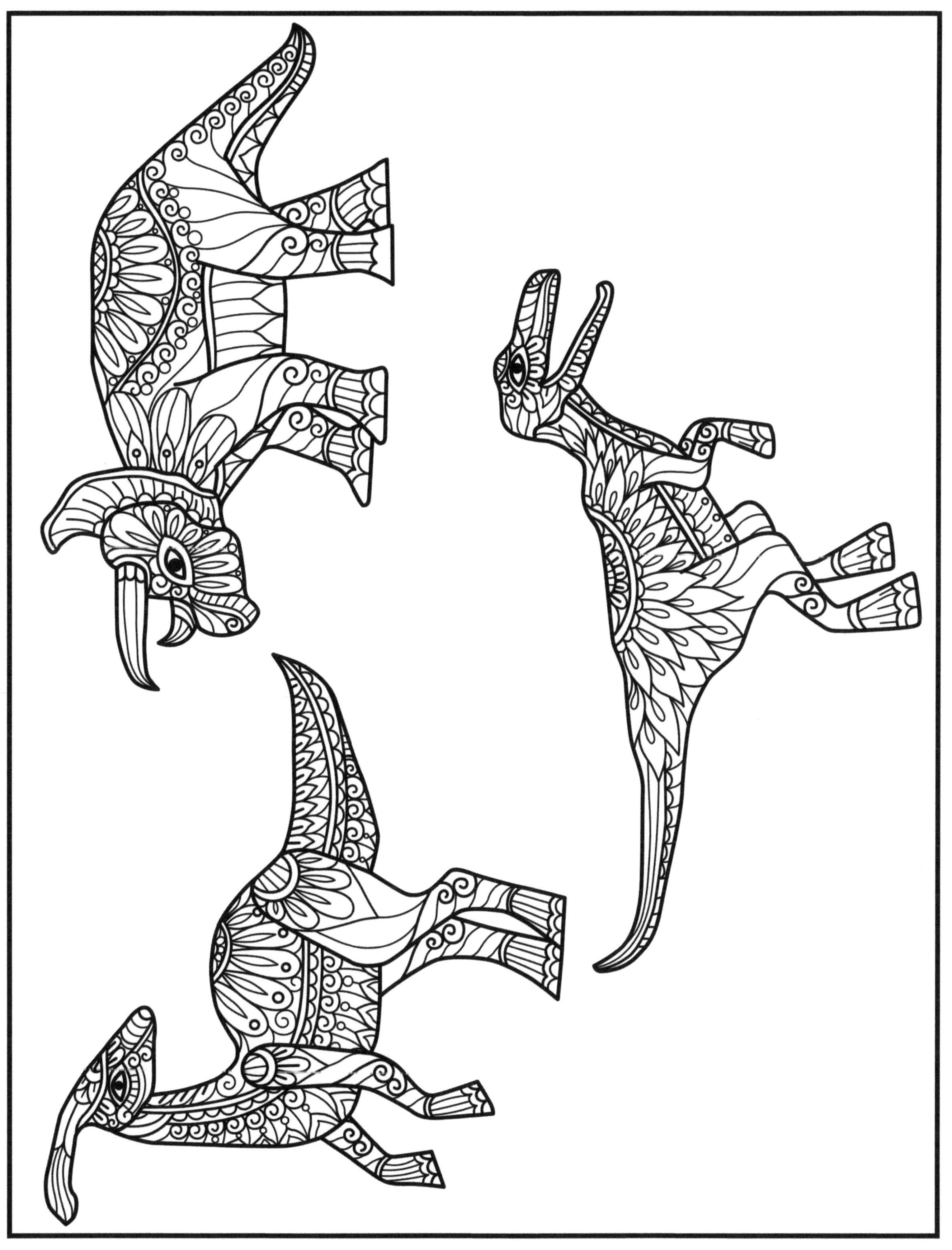

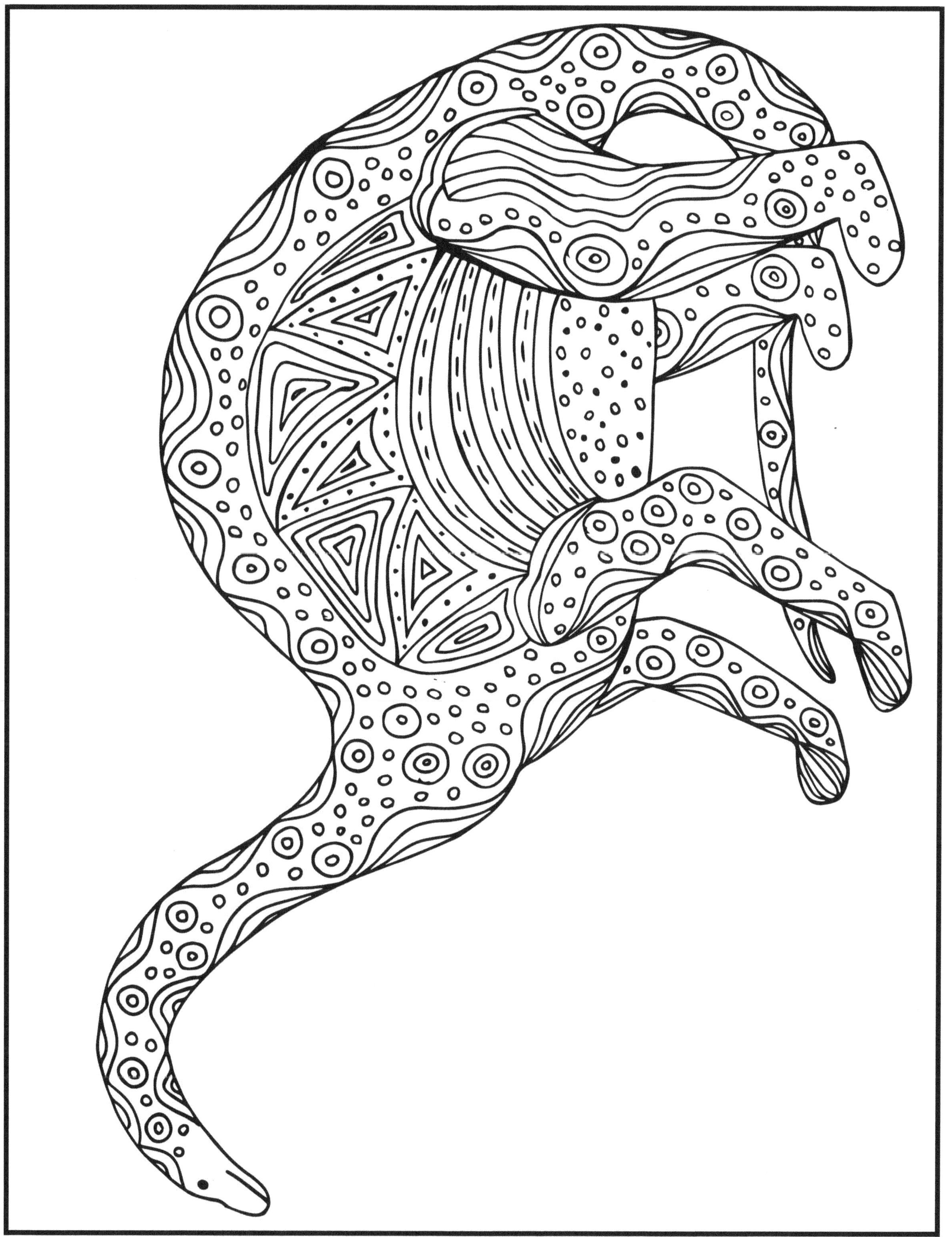

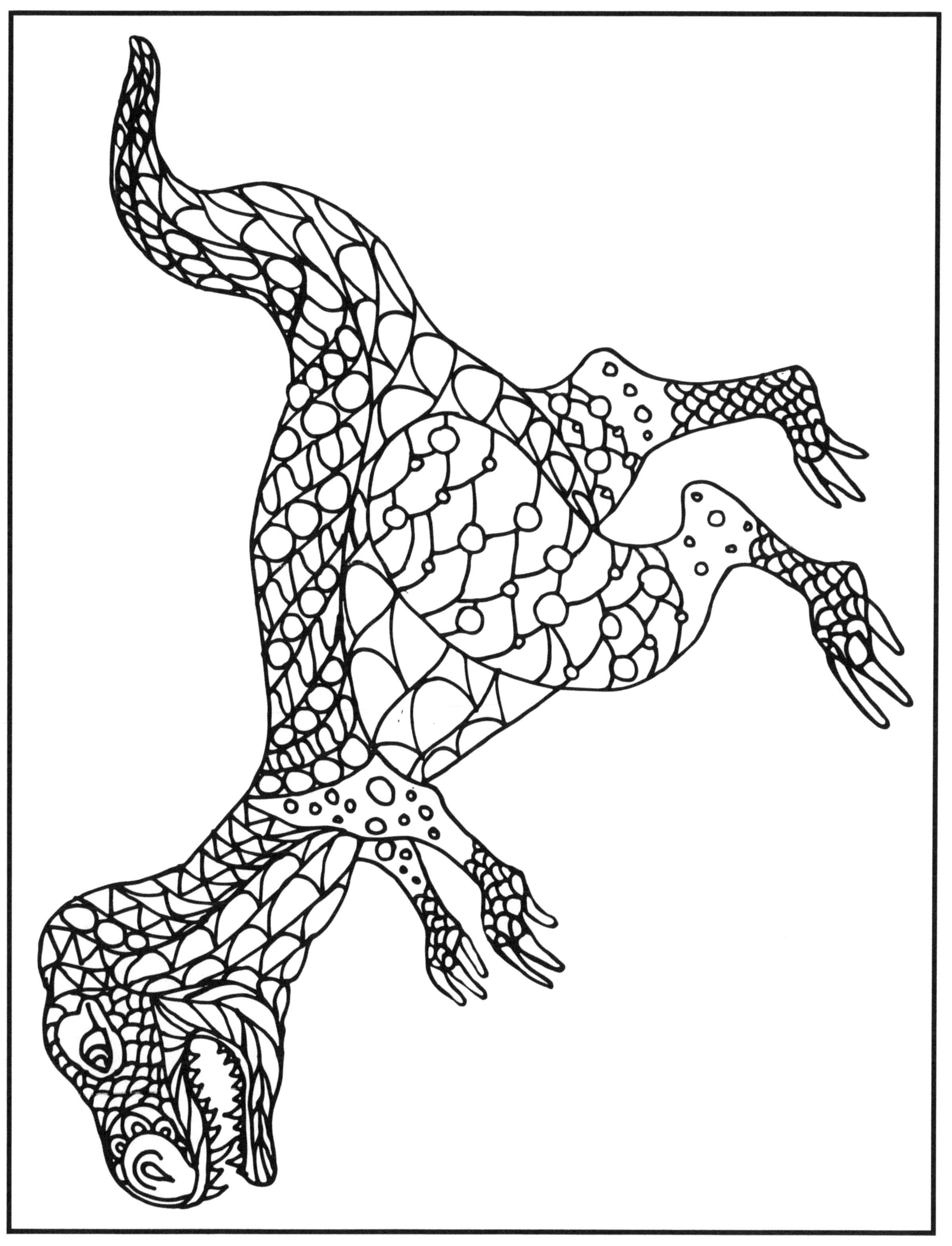

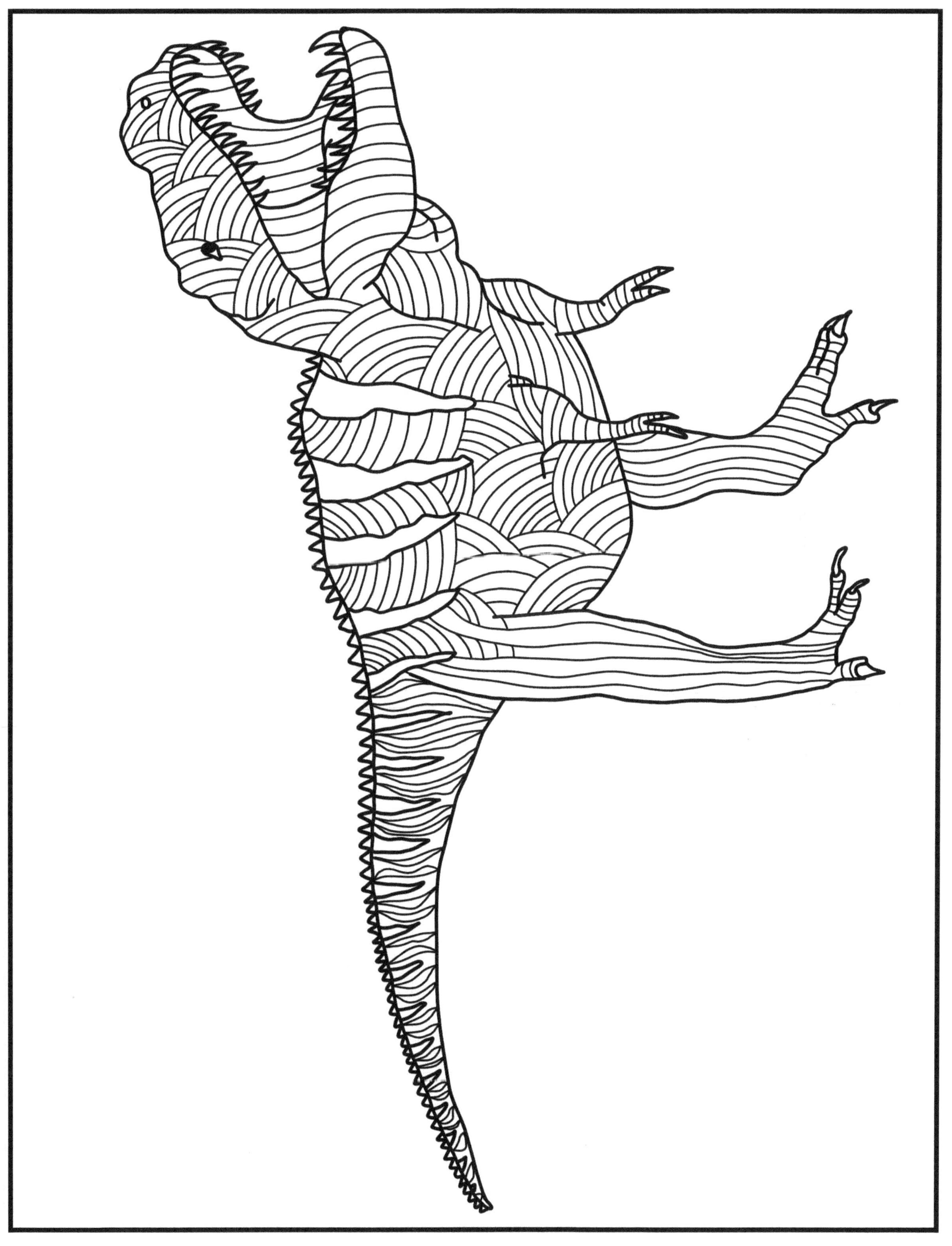

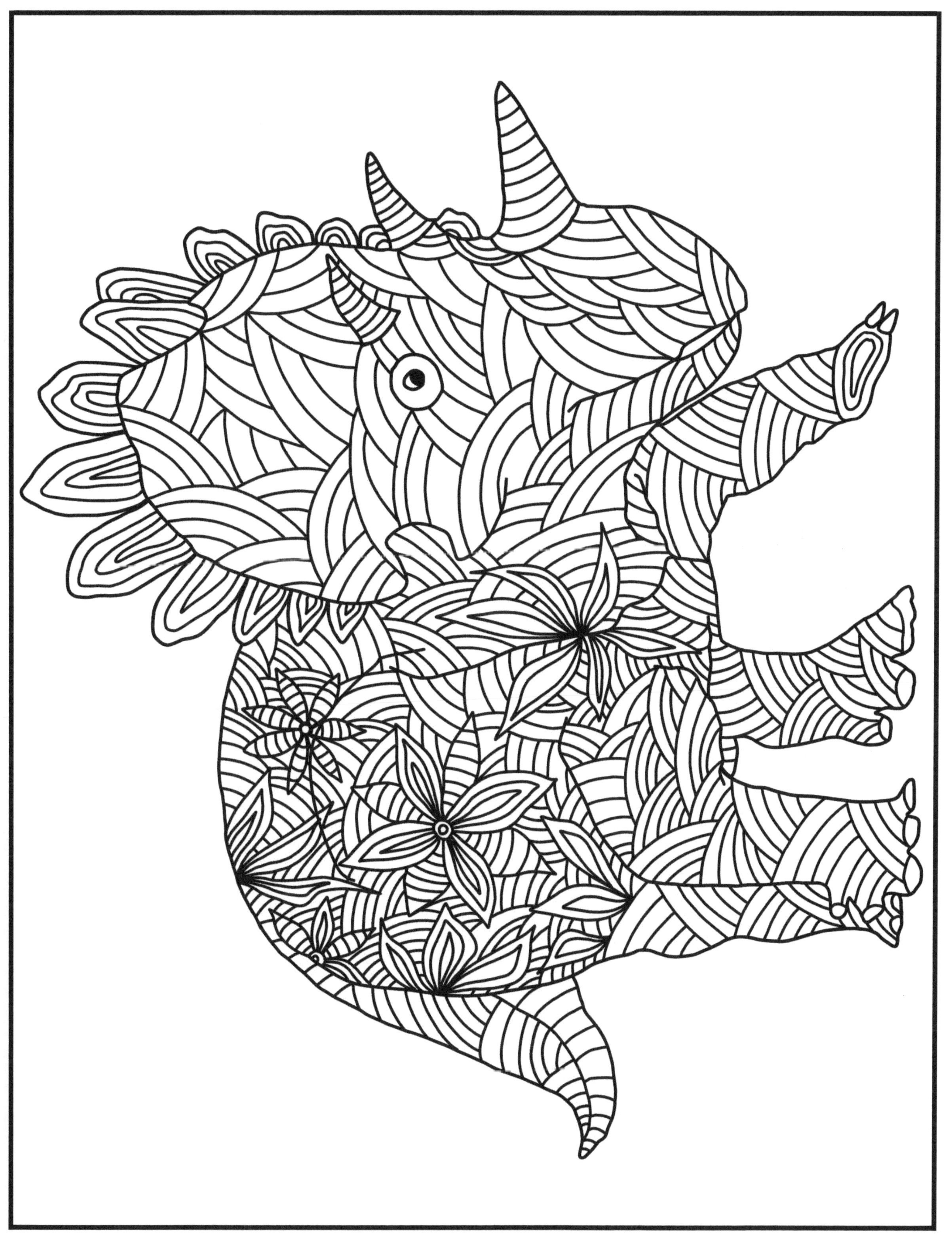

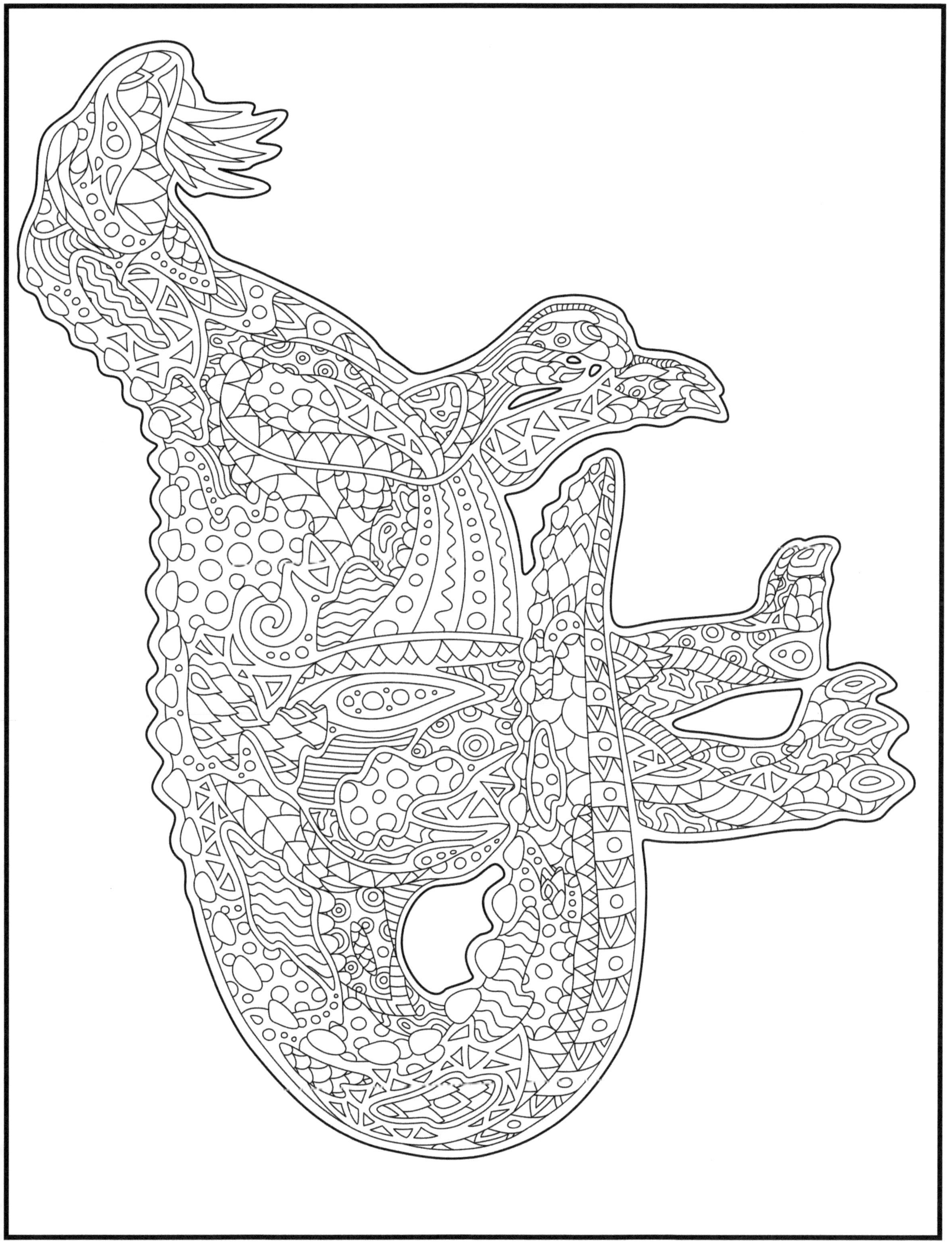

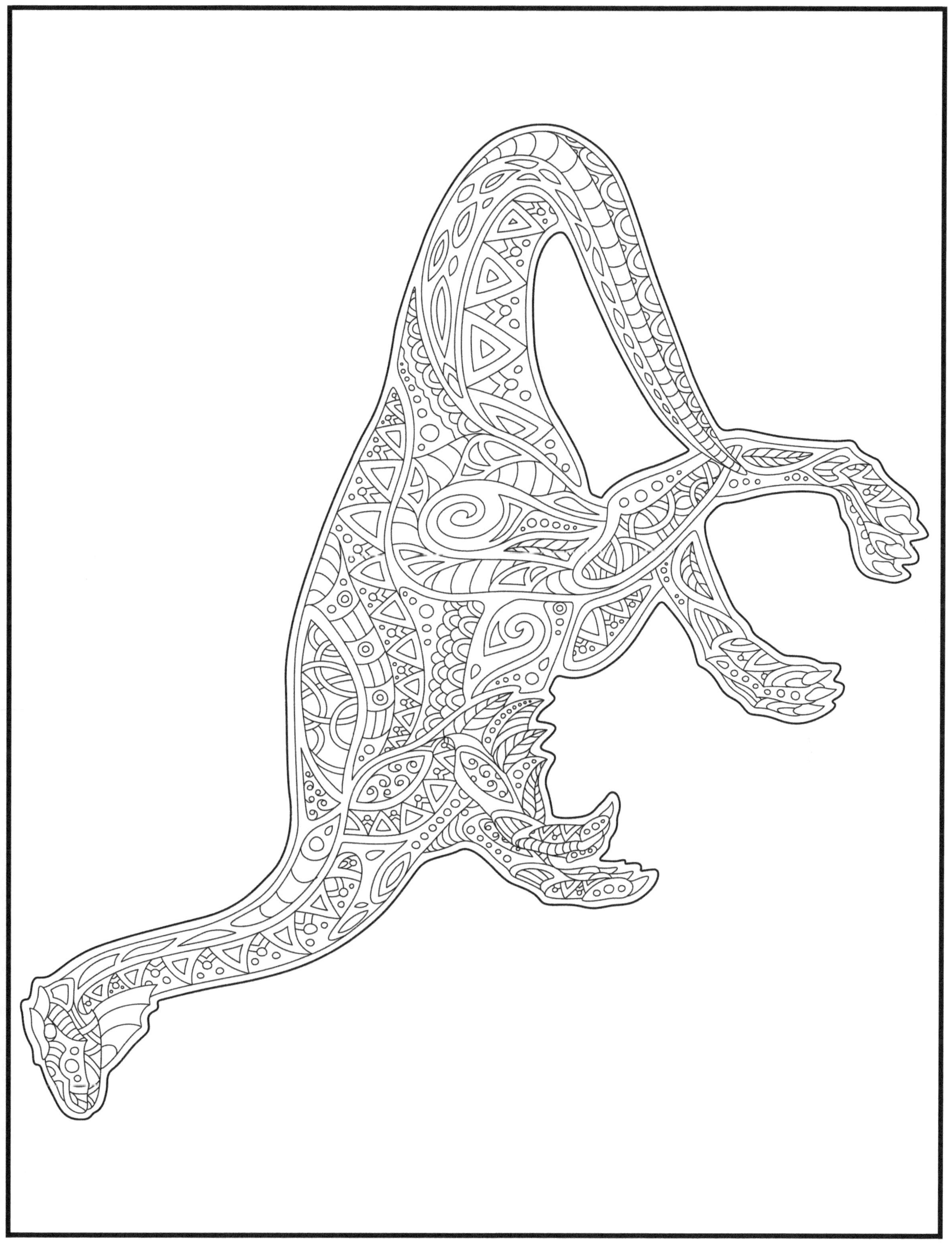

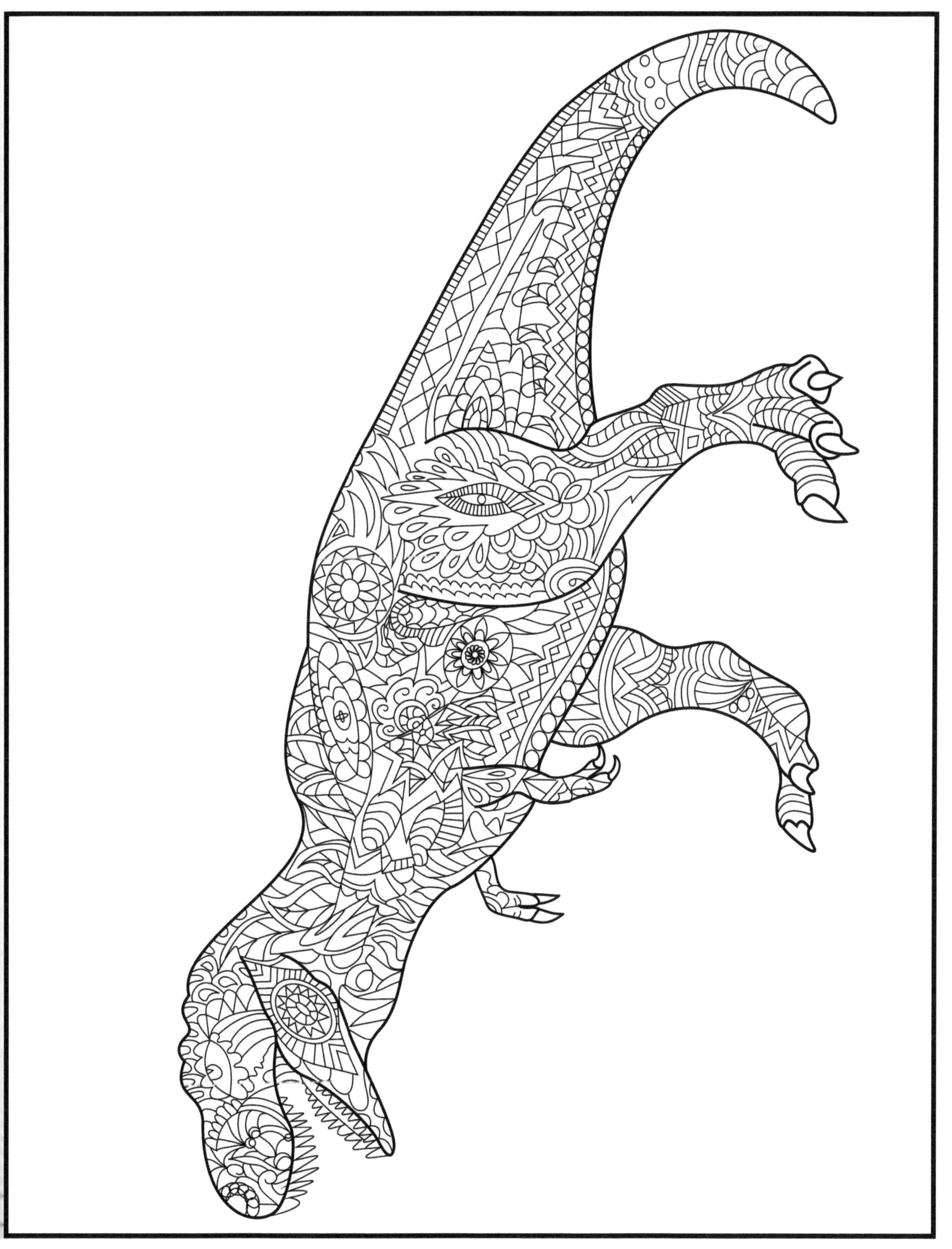

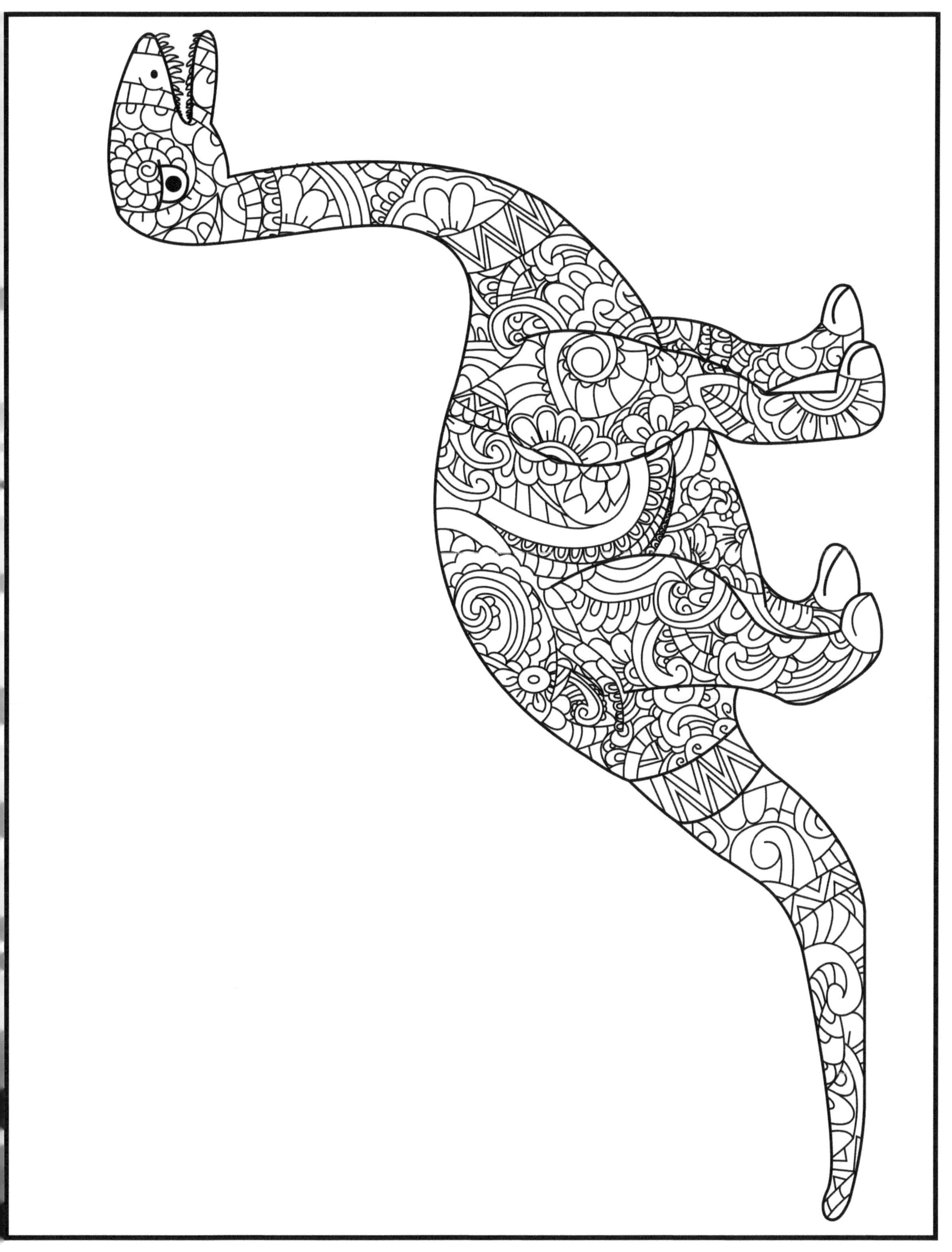

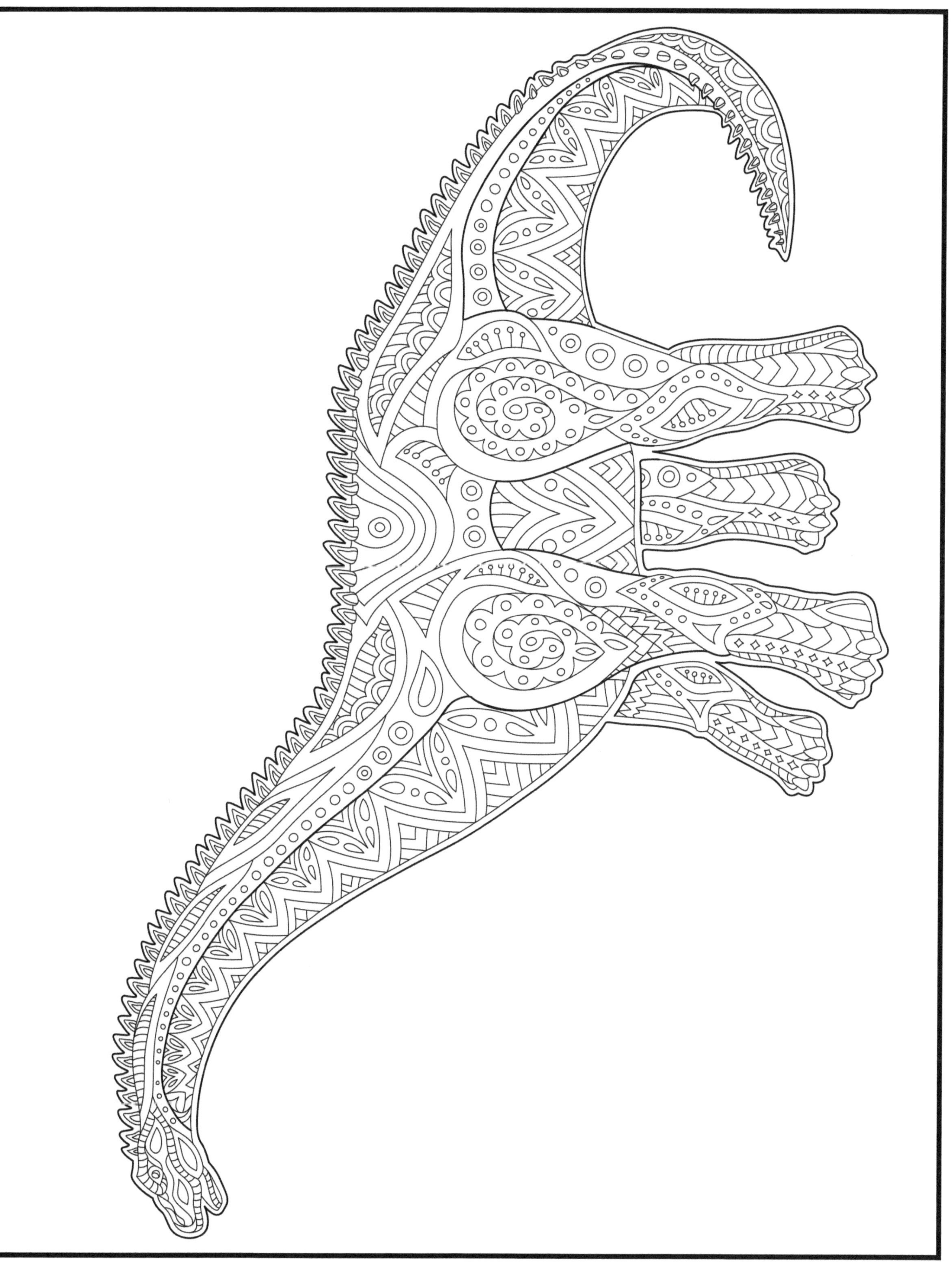